Michael Rentmeister / Martin Hoffmann

Fit for Flirt

Wie Mann Frau aufreißt

TOMUS

ISBN 3-8231-1154-X

Inhalt

Das Problem

Das Problem ist genauso alt wie die Menschheit selbst: Mann kann nicht einfach zu einer Frau gehen und sagen: „Du gefällst mir. Ich möchte dich kennen lernen, mit dir ins Bett gehen, eine Weile mit dir zusammen sein, um dich dann vielleicht irgendwann zu heiraten und eine Familie zu gründen. Oder auch nicht." Das wäre nicht nur platt, sondern auch zu einfach. Frauen wollen aufgerissen werden, ohne es zu merken. Merken sie es doch, haben Sie verloren. Merken sie es nicht, haben Sie auch verloren. Darum müssen Männer geschickt vorgehen, sodass die Frauen bemerken, dass sie nicht bemerken, dass sie angebaggert werden. Das ist das Problem.

Schon ein altes chinesisches Sprichwort sagt: „Vor den Erfolg hat der liebe Gott die Masche gesetzt." Frauen nennen die Masche lieber „Umwerben" oder „Flirten". Wie auch immer. Das Problem bleibt: Mann muss Mut, Kreativität, Romantik, Zärtlichkeit etc. beweisen, um auch nur in die Nähe einer Frau zu kommen, ohne gleich als Baggerheini, Macho oder notgeiler Hengst abgestempelt zu werden. In der freien Wirtschaft wird dieses Vorgehen als „hohe Investition bei größtmöglichem Risiko und ausbleibender Erfolgsgarantie" bezeichnet. Daraus lernen wir, dass Logik und gesunder Menschenverstand keine guten Berater sind, um Frauen aufzureißen. Wer oder was ist also in diesem Fall ein guter Berater? Ganz einfach. Lesen Sie dieses Buch!

... NUN JA ... ÜBER GESCHMACK LÄSST SICH STREITEN ...
MAHO/99

Die Sache mit der Romantik

Ein romantischer Abend zu zweit ist schon seit Jahrtausenden eine der besten Methoden, eine Frau für sich zu gewinnen. Alle Frauen stehen auf Romantik. Das Wichtigste an einem romantischen Abend ist die Vorbereitung. Das Wort *Vorbereitung* steht in diesem Fall für viel Arbeit, Selbstverleugnung, Lügen und Stress. Aus Motivationsgründen werden wir den Begriff der *Vorbereitung* aber beibehalten. Das Gute an Frauen ist ja bekanntlich, dass sie anders sind als wir Männer. Das Schlechte an Frauen ist ja bekanntlich, dass sie anders sind als wir Männer. Beachten Sie also unbedingt die folgenden Punkte:

Die Musik:
Versuchen Sie erst gar nicht mit Ihrer CD-Sammlung der deutschen Militärmärsche Eindruck zu schinden. Sollte Ihre Lieblingsband einen Namen wie *Blood and Death* oder *Killerbrigade* tragen, empfiehlt es sich diese Scheiben erst einmal in den hinteren Regalreihen zu verstecken. Frauen haben einen anderen Musikgeschmack. Fragen Sie zum Beispiel den Fahrstuhlführer im Kaufhaus nebenan, welche Musik er empfiehlt. Ein seichtes Gedudel verbunden mit dem Gesäusel einer rauchigen, französischen Männerstimme bietet sich in dieser Situation eher an.

Die Beleuchtung:
Alles über zehn Watt zerstört die Stimmung! Die Idee rote Tücher über die Lampen zu hängen, hat sich in der Praxis als ungünstig erwiesen. Frauen spricht diese Art von Nachtclubatmosphäre nicht unbedingt positiv an. Energiesparlampen sind zwar sehr vernünftig, erzeugen aber ein Licht wie im Operationssaal und scheiden deshalb auch aus. Vergessen Sie die Vernunft! Es zählt das Gefühl. Kerzen, überall im Raum verteilt, wirken hingegen Wunder. Wassereimer, überall im Raum verteilt, verhindern eventuell eine Brandkatastrophe.

Das Essen:
Bockwürste und Rollmöpse sind zwar im Prinzip eine gelungene Mischung, werden aber allzu vorschnell als Phallussymbol und sexuelle Anspielung gedeutet. Entweder Sie planen vorher einen zweitägigen Aufenthalt in der Küche ein, um ein Drei-Gänge-Menü zu zaubern, oder Sie bleiben realistisch und bestellen etwas Teures im Feinkostrestaurant mit Lieferservice. Denken Sie daran, die Packungen rechtzeitig verschwinden zu lassen und erwähnen Sie ganz beiläufig, wie gerne Sie solch ein Essen zubereiten.

Das Outfit:
Der Jogging-Anzug aus Ballonseide ist zwar nicht nur sehr lässig und bequem, er bietet auch den Vorteil, dass Mann ihn schnell ausziehen kann. Solch ein

Outfit wäre also praktisch und eine naheliegende Wahl. So denken wir Männer. Also vergessen Sie es. Bieten Sie der Angebeteten einen optischen Genuss. Ein schicker Anzug aus dem Kostümverleih oder der alte Kommunionsanzug, falls noch vorhanden, sind die bessere Alternative. So strahlen Sie Seriosität und Reife aus.

Zählen Sie noch zu der etwas jüngeren Generation, empfiehlt es sich den Kleiderschrank im Keller zu durchforsten. Denn genau die Klamotten, die Sie früher von Ihrem großen Bruder auftragen mussten, sind jetzt wieder in. Pullunder im zarten Grau, Hosen mit Schlag und Hemden mit einer Kragenbreite jenseits von zehn Zentimetern werden kombiniert mit rosafarbigen Glitzersocken und garantieren Ihnen einen bleibenden Eindruck.

Die Störungen:
Verhindern Sie schon im Vorfeld Störungen. An dieser Stelle sollen exemplarisch die drei schlimmsten Störungen genannt werden.

1. Ein paar Freunde schauen mal eben nur so vorbei und nennen Sie bei Ihrem Spitznamen: „Na, Rammler (Casanova, Nussknacker) wie läuft die Sache? Wieso ist denn kein Bier mehr da? Du hast doch sonst nichts anderes im Kühlschrank."
2. Ihre Mutter schaut vorbei, um die gewaschene Wäsche zu bringen: „So mein Junge, deine Unterhosen habe ich doch noch sauber bekommen, aber du solltest dir wirklich mal neue kaufen."

3. Der Lautsprecher des Anrufbeantworters ist nicht ausgeschaltet und die Dame Ihres Herzens ist dran, und Sie lauschen schockiert der weinerlichen Stimme Ihrer zukünftigen Ex-Freundin: „Hör mal gut zu! Dass du mich ständig mit anderen Weibern betrogen hast, war ja schon schlimm genug. Aber, dass du jetzt auch noch meine beste Freundin anbaggerst, ist ja wohl das Allerletzte! Ich verlasse dich endgültig, du blödes A…loch!“

Die wichtigsten Frauentypen

Frauen lassen sich in unterschiedlichen Kategorien zusammenfassen. Wenn Sie in der Lage sind, das Objekt Ihrer Begierde einer dieser Kategorien zuordnen zu können, ermöglicht es Ihnen eine gezielte Vorgehensweise. Hier die wichtigsten:

1. Die Karrierefrau
Sie steht mit beiden Beinen fest im Leben. Sie hat einen tollen Job und somit auch ein tolles Einkommen (ein echter Pluspunkt!). Sie hat nicht nur ihr eigenes Leben im Griff, sondern auch das ihrer untergebenen Mitarbeiter. Sie ist es gewohnt Befehle und Anweisungen zu geben. Werden diese nicht befolgt, schmollt sie und zieht einen Flunsch. Mit ihr kann Mann sachlich reden (glaubt sie jedenfalls).

Geschenke, die ankommen: Neues Handy, Filofax, teurer Schmuck.

Sprüche, die ankommen: „Wie Sie immer die relevanten Schlüsselfaktoren der intrinsischen Produktivitätsreserven segmentieren und dadurch die Eigenkapitalquote sichern, um die strategische Änderung der entscheidenden Determinanten zu steuern, ist wirklich bewundernswert."

2. Die Hausfrau

Die Hausfrau ist rund um die Uhr damit beschäftigt alles sauber, gepflegt und hygienisch zu halten. Das gilt nicht nur für Gegenstände, sondern auch für Menschen in ihrer näheren Umgebung (egal ob fremd oder bekannt). Sie entschuldigt sich ständig, wenn der Fußboden nach dem Bohnern zur lebensgefährlichen Rutschfläche wird, ist aber heimlich stolz darauf, wie sehr Mann sich darin spiegelt. Geld spielt keine große Rolle in ihrem Leben. Sie hat nämlich meist auch keines. Bleibt doch einmal wider Erwarten etwas vom Haushaltsgeld übrig, schafft sie sich eventuell eine neue Kittelschürze an.

Geschenke, die ankommen: Wäschetrockner, Bügeleisen, neuer Wischmopp (der, mit dem sie endlich in die Fugen kommt).

Sprüche, die ankommen: „Du kochst sogar besser als meine Mutter." „Deine Handtücher im Bad sind so flauschig weich."

3. Die Tussi

Überall, wo die Post abgeht, findet Mann diese Art von Frau. Egal ob Disco oder Love-Parade, die Tussi ist dabei und will Spaß. Beim Tanzen macht sie ab und zu eine Pause, um zu prüfen ob noch alle Fingernägel dran sind und die Frisur richtig sitzt. Sie kennt nicht nur alle Typen, sondern auch alle „Schuppen“, die trendy sind (sagt sie jedenfalls). Geldprobleme kennt sie nicht.

Sie lässt im Normalfall einfach die Kerle bezahlen, die immer um sie herumschwänzeln (Achtung!).

Tussis sind leicht an ihrem schrillen Gekicher und ihrer coolen, flippigen Art zu erkennen.

Geschenke, die ankommen: Bunte Plastikohrringe, Blondiercreme, Longdrink.

Sprüche, die ankommen: „Ey, ich habe meine Telefonnummer vergessen. Kannst du mir mal eben deine geben?"

4. Die Emanze

Das ist eine ganz besondere Art von Frau. Emanzen sind Frauen, die eigentlich Männer sind (oder sein wollen). Bei den meisten Männern gilt es als Mutprobe, eine Emanze anzubaggern. Sollten Sie sich also mal für eine Frau in lilafarbigen Klamotten mit dem Aufdruck einer geballten Faust und dem Wort *Frauenpower* interessieren, ist Vorsicht angebracht. Rechnen Sie nach dem Ansprechen zuerst einmal mit Sprüchen, bei denen sogar alte Seebären erröten. Verwechseln Sie niemals das Frauenzeichen mit einem Sternzeichen. Das könnte schwere Verletzungen nach sich ziehen. Alle Emanzen haben einen starken Glauben: Sie glauben, dass die Männer an allem schuld sind. Ein typischer Traumberuf dieser Frauen ist Gleichstellungsbeauftragte.

Geschenke, die ankommen: Aufkleber mit dem Spruch: „Ich bremse nicht für Männer." Selbst gestrickter Pulli mit Frauenzeichen, Karatekurs.

Sprüche, die ankommen: „Das Patriarchat hat doch seine Wurzeln in der Angst der Männer vor der Frau in sich selbst! Göttin sei Dank, bin ich durch meine Selbsterfahrungsgruppe darüber hinweg."

Der Experte

Hat Mann seine Auserwählte einer dieser Frauentypen zugeordnet, ist der Rest ein Kinderspiel. Nun heißt es strategisch vorgehen. Der renommierte Experte Reiner Anmach vom Deutschen Institut für angewandte Baggerkunst, zeigt, wie es richtig geht: In einem kleinen, romantischen Café hat er Doris entdeckt. Sie frühstückt alleine an einem Zweiertisch und Reiner erkennt gleich, dass es sich bei Doris um eine typische Karrierefrau handelt. Er geht zu ihr hinüber und eröffnet das Gespräch:

„Guten Tag. Ist hier noch frei?"

Doris blättert gerade in ihrem Filofax und überlegt, wie sie drei Termine gleichzeitig wahrnehmen kann. Sie schaut noch nicht einmal hoch, als sie antwortet: „Mhmm."

Reiner nimmt also Platz. „Sie sehen wie eine Frau aus, die sich in der Wirtschaft auskennt. Darf ich Ihnen eine Frage stellen?"

„Wenn es sein muss …", antwortet Doris leicht genervt.

Nun stellt Reiner die Frage, die Doris auf keinen Fall erwartet: „Wie sehen Sie die Problematik eines Konzernabschlusses eines Mutterunternehmens, das zugleich auch Tochterunternehmen ist, aber seinen Sitz nicht in einem europäischen Mitgliedsstaat hat und einen Bestätigungsvermerk nach den für einen Konzernlagebericht maßgeblichen Vorschriften nicht in deutscher Sprache offengelegt hat?"

Doris reagiert wie erwartet. Da sie nur einen üblichen Baggerspruch erwartet hat, ist sie durch diese Frage völlig aus dem Konzept geworfen. Sie blickt verwundert hoch: „Wie ich was sehe? Wollen Sie mich anbaggern, oder was?“

Reiner, der die Unsicherheit in Doris’ Blick sieht, täuscht jetzt den Rückzug vor. Er steht auf und greift nach seinem Glas: „Entschuldigung, aber ich dachte, ich könnte mich sachlich mit Ihnen unterhalten. Doch wenn Sie das Gespräch auf die sexuelle Ebene ziehen wollen, gehe ich lieber.“

Das saß! Der schwarze Peter liegt nun eindeutig bei Doris. Das kann sie natürlich nicht auf sich sitzen lassen. „Nein, nein. So war das nicht gemeint. Bitte entschuldigen Sie. Nehmen Sie doch bitte wieder Platz. Wissen Sie, die meisten Männer, die mich ansprechen, wollen immer nur das Eine.“

Reiner, nachdem er wieder Platz genommen hat, ganz erstaunt: „Tatsächlich? Was denn?“

An dieser Stelle ist eigentlich schon alles gelaufen. Laut Reiners Plan wird Doris nun das Thema selbst in die richtige Richtung lenken. Und das tut sie auch: „Nun, Sie wissen schon. Das, was alle Männer wollen. Mit mir ausgehen und dann mit mir ins Bett.“

Reiner: „Ins Bett? Mit einer Frau wie Ihnen? Nein. Das glaube ich nicht. Sie haben doch ganz andere Dinge zu bieten. Wie zum Beispiel Intelligenz, Geist und Esprit. Aber Sex? Nein, Nein …“

Doris ist regelrecht erschüttert: „Wie meinen Sie das? Soll das heißen ich bin unattraktiv?“

...ACH JA... UND VIELEN DANK FÜR DEN KAFFEE, HERR... ÄHH...???
GOETHE FAUST
MAGO/99

„Na ja, Sie haben eher eine kühle Ausstrahlung. Eben nicht so fraulich. So spontane Abenteuer kommen für Sie doch sowieso nicht in Frage!“

Frechheit! Welche Frau würde solch eine Behauptung widerspruchslos hinnehmen? Richtig! Keine. So auch Doris nicht: „Natürlich kann ich auch spontan sein! Was glauben Sie eigentlich, wie viele Abenteuer ich schon eingegangen bin?“

Reiner lächelt sein bezauberndstes Lächeln: „Jetzt wollen Sie mich aber verschaukeln. Sie sind doch eher ein sachlicher, vorsichtiger Mensch. Ich glaube nicht, dass Sie eine Verabredung mit einem attraktiven Mann treffen würden, den Sie gerade erst kennen gelernt haben.“

„So! Glauben Sie also nicht. Meinen Sie etwa, ich habe keine Gefühle? Sie kennen mich doch gar nicht, Herr … äh … Herr …“

„Anmach. Reiner Anmach. Und wie ist Ihr werter Name?“

„Doris Lückemeier.“ Eine wilde Entschlossenheit liegt in ihrer Stimme. „Und ich sage Ihnen noch etwas. Heute Nachmittag nehme ich mir frei und Sie gehen mit mir aus! Ich werde Ihnen zeigen, wie spontan, abenteuerlustig und fraulich ich bin!“

„Okay. Wenn Sie unbedingt möchten. Um 16.00 Uhr hier?“

„Natürlich! Ich werde hier sein. Das wird ein Nachmittag, den Sie so schnell nicht mehr vergessen werden.“

Das war’s. Reiner verabschiedet sich höflich und verlässt mit dem Lächeln eines Siegers das Café.

Die Psychotricks

Seit vielen Jahren untersuchen Psychologen das Phänomen der Anziehungskraft von Männern auf Frauen. Die bis dato geheim gehaltenen Erkenntnisse basieren auf wenigen Hauptpunkten, die an dieser Stelle zum ersten Mal in der Öffentlichkeit bekannt gegeben werden. Da es hierbei um angewandte Psychologie geht, dürfen die Kenntnisse nur zur Verteidigung benutzt werden. Zum Beispiel, um sich gegen die Einöde des Single-Daseins zu verteidigen.

Psychotrick 1: Der Beschützer

Alle Frauen (außer Emanzen) suchen einen Mann, der stark und mutig ist. Sie wollen einen Beschützer. Darum müssen Männer ihre Stärke immer wieder unter Beweis stellen. Wenn es hagelt, schneit und stürmt fahren Sie am besten mit dem Fahrrad und nur mit einer kurzen Hose bekleidet zum Supermarkt in der Nachbarstadt, um mal eben Zigaretten zu besorgen. Keine Frau kann sich diesem Eindruck von Stärke und Männlichkeit entziehen.

Bei der danach eventuell auftretenden Grippe oder Lungenentzündung beachten Sie bitte den folgenden Punkt!

Psychotrick 2: Das Kind im Manne

Nutzen Sie den Mutterinstinkt. Sprechen Sie das Mütterliche in der Frau Ihres Verlangens an und sie wird nicht anders können, als lieb und fürsorglich zu reagieren. Wie Mann so etwas macht? Ganz einfach. Werden Sie wieder zum Kind. Sprechen Sie in der Kindersprache: „Bin krank. Muss in Heiabett. Krichich noch eine Tasse Tee mit Zitrone? Und ein paar Schnittchen?“

Wichtig dabei sind natürlich der Dackelblick und der richtige Quengelton. Eine Frau kann dann gar nicht anders, als sich lieb um Sie zu kümmern und Sie zu knuddeln.

Der Mutterinsinkt wird in der Psychologie auch bedingter Reflex genannt. Sie wissen schon, genau wie die Pawlowschen Hunde. Eine Unterart dieses Tricks ist die Masche: Stell dich doof, dann geht's dir besser. Bitte beachten Sie, dass Sie im Krankheitsfalle wirklich einen Tee verlangen und nicht etwa ein Bier.

Psychotrick 3: Die Macht des großen Wissens

Glänzen Sie sooft wie möglich mit Ihrem großen Fachwissen. Eine kleine Exkursion in die Brisanz des deutschen Steuerrechts bei einem Essen zu zweit wird jede Frau tief beeindrucken, auch wenn sie es nie offen zugeben würde. Oder verblüffen Sie die Dame mit Ihren Kenntnissen über die Herstellung von Gartenzäunen aus Kunststoff. Ein Mann mit großem Wissen strahlt Sicherheit aus. Sicherheit ist ein Grundbedürfnis der Frauen und wirkt deshalb unwiderstehlich. Dieses Verhalten stammt noch aus der Steinzeit, als eine sichere Höhle und ein männlicher Ernährer die Aufzucht der lieben Kleinen erst er-

BGB
CHRR
ZZZ

möglichte. Sollte Mutter Natur Sie nicht mit Muskelpaketen ausgestattet haben wie zum Beispiel Sylvester Stallone, ist dieser Trick umso wichtiger.

Psychotrick 4: Der Sieg der Gerechtigkeit

Seien Sie im Umgang mit den Frauen stets fair und gerecht. So fühlen sich die emanzipierten Frauen als eigenständiger Mensch akzeptiert. Lassen Sie also im Restaurant die Dame zahlen. Sollten Sie danach ein gemeinsames Taxi nehmen, können Sie immer noch Großzügigkeit beweisen und die Hälfte der Kosten übernehmen. Die Frau von heute erkennt an solch einem Verhalten, dass sie ernst genommen wird, als erwachsener und selbstständiger Mensch.

Am Ziel der Fahrt angekommen, sollten Sie nicht wie ein Leistungssportler um das Auto herum sprinten und die Tür aufhalten. Steigen Sie einfach aus und warten Sie. Moderne Frauen können Autotüren auch alleine öffnen. Die Hilfe eines Mannes dabei wirkt heutzutage nicht mehr höflich, sondern bestimmend oder herrisch. Also ist dieser Trick nicht nur nützlich, sondern auch noch bequem.

Reiner und die „Zufallsbekanntschaft“

Nach diesem erfolgreichen Start in den Tag eilt Reiner gleich zum Supermarkt um die Ecke. Für einen solchen Abend muss Mann sich natürlich vorbereiten. Dazu gehört auch eine billige Flasche Schaumwein, auf die er zu Hause in mühevoller Bastelarbeit das Etikett eines teuren Champagners klebt.

Als Reiner mit seinem Einkaufswagen gerade äußerst elegant die Tiefkühlregale umschifft, sieht er sie. „Sie“ heißt Rita und ist eine außergewöhnlich attraktive Frau. Die praktische Kurzhaarfrisur und das ebenso praktische wie schlichte Hauskleid verraten Reiner sofort, wie er vorgehen muss. Er entschließt sich spontan für die Masche des hilflosen Single-Mannes. Die funktioniert immer. Schließlich ist bis zum abendlichen Rendezvous mit Doris ja noch genug Zeit. Ritas ganze Aufmerksamkeit gilt gerade den Tomaten, die sie mit dem professionellen Daumendruck einer Hausfrau prüft. Zielstrebig wie Reiner nun mal ist, steuert er die Schöne direkt an, biegt nur wenige Zentimeter vor ihr links ab und stößt mit seinem rechten Knie lautstark gegen den Gitterwagen der jungen Frau.

„Aua! Oh verdammt! So ein Mist …“, flucht er und reibt sich dabei das Knie.

Rita schaut erschrocken auf: „Oh, was ist passiert? Haben Sie sich verletzt?“

„Ja, ich glaube, ich habe mir den Meniskus überdehnt. Ich bin aber auch ungeschickt.“ Sein Gesicht zeigt einen Ausdruck von unerträglichem Schmerz.

Rita weiß sofort, was zu tun ist, um den Schwerverletzten zu retten: „Da muss unbedingt die gute Heilsalbe auf das Knie und dann ein Verband drum herum. Haben Sie Salbe und Mull zu Hause?"

Reiner, in leicht weinerlichem Ton: „Nein, so etwas habe ich nicht. Wissen Sie, ich lebe allein und ich weiß auch gar nicht, wie so etwas richtig verbunden wird. Wir Männer haben in solchen Fällen doch zwei linke Hände. Aber es geht schon wieder. Danke!"

Noch ein kurzes Lächeln und der tapfere Invalide schiebt stark humpelnd die Gehhilfe, die einmal ein Einkaufswagen war, in Richtung Kasse. Bei diesem Anblick eines gepeinigten und doch so tapferen Mannes kann Rita gar nicht anders, als zu fragen: „ Warten Sie doch! Soll ich Ihnen nicht helfen?"

Das ist der richtige Zeitpunkt für Reiner, um einmal kurz mit dem lädierten Knie einzuknicken. „Aua, ohh … na ja, das Auftreten tut doch ziemlich weh."

Rita eilt schnell zu ihm und greift stützend unter seinen Arm. „Sie kommen besser mit zu mir und ich kümmere mich um Ihr schlimmes Bein."

Reiner nimmt diese nette Geste dankbar an: „Aber nur, wenn es keine Umstände macht."

„Natürlich nicht. Außerdem kann ich Sie jetzt doch nicht einfach so stehen lassen." Beherzt legt sie seinen Arm über ihre Schultern und stützt ihn, während sie langsam zur Kasse gehen.

Reiner will lieber auf Nummer sicher gehen: „Aber was wird Ihr Freund oder Ihr Mann sagen, wenn Sie mich einfach so zu sich nach Hause bringen?

BITTE WARE AUF DAS BAND LEGEN
MAGO/99

Wir haben uns doch gerade erst vor zwei Minuten kennen gelernt. Ich heiße übrigens Reiner Anmach."

„Mein Name ist Rita. Machen Sie sich keine Sorgen. Ich bin geschieden und einen Freund habe ich nicht. Wissen Sie, ich habe Sie hier schon öfter gesehen. Außerdem kenne ich die Kassiererin Frau Schniederharn. Sie hat mir schon von Ihnen erzählt."

Reiner muss schlucken. Frau Schniederharn ist die typische Alptraum-Kassiererin. Klein, dick und immer genervt unfreundlich. Noch dazu ist sie schon öfters Zeugin seiner Anbaggerkünste gewesen. Leider sieht sie seine Gabe nicht als Kunst, sondern eher als dreckigen Schweinkram.

Gerade als Reiner klar wird, dass sich jetzt eventuell ein kleines Problem ergeben könnte, ertönt auch schon die nervige Stimme der besagten Dame quer durch den Supermarkt: „Na, Herr Anmach, haben wir etwa schon wieder einen kleinen Unfall gehabt? Und wieder das rechte Knie? Sie haben aber auch Pech."

Reiner versucht den Schein zu wahren und zu retten, was zu retten ist: „Ach, so schlimm ist es gar nicht … äh … ich glaube es geht schon wieder."

Ein verstohlener Blick zu Rita macht ihm jedoch klar, dass zumindest mit ihr heute nichts mehr geht. Entrüstet fegt sie seinen Arm von ihren Schultern: „Dann haben Sie das mit Absicht gemacht? Ist das etwa Ihre Supermarktmasche? Und ich blöde Kuh falle auch noch darauf herein!"

Während Reiner noch überlegt, wie er einigermaßen elegant aus dieser

Situation herauskommt, ergreift Frau Schniederharn wieder das Wort, um mit ihrer angeborenen Heimtücke die ganze Sache eskalieren zu lassen: „Herr Anmach, nehmen Sie doch erst einmal Platz.“ Sie schiebt Reiner, der immer noch humpelt, zu einem Stuhl neben der Kasse. „Da der Unfall in unserem Laden geschehen ist, bin ich gezwungen, die Sache ganz nach den Vorschriften zu behandeln. Zuerst rufe ich mal einen Krankenwagen. Wir wollen doch nicht, dass diese böse Verletzung noch Schlimmeres nach sich zieht.“

„Das tut sie gerade“, denkt Reiner und versucht abzuwiegeln: „Das ist doch wirklich nicht nötig, Frau Schniederharn. Sie wissen doch, ein Indianer kennt keinen Schmerz.“

„Ich weiß. Aber Indianer verklagen auch keine Supermärkte auf Schmerzensgeld!“ Der Ausdruck in ihrem Gesicht hat nun etwas Diabolisches.

„Ach, Frau Schniederharn, das würde ich doch auch nicht tun. Sie kennen mich doch.“

„Eben. Darum muss ich jetzt nach den Vorschriften für solche Fälle handeln. Es ist ja leider schon das dritte Mal in den letzten zwei Wochen. Vielleicht sind unsere Einkaufswagen einfach zu gefährlich!“ Ihr Sarkasmus kennt nun keine Grenzen mehr. Sie greift nach dem Telefon und ruft den Geschäftsführer.

Rita ist mittlerweile wild dazu entschlossen, sich dieses gemeine Spiel mit dem armen, hilflosen Mann anzusehen. Sie genießt sichtlich den ängstlichen Ausdruck in Reiners Gesicht, der, um einen kleinen Rest von Stolz zu behalten, seine Rolle als Verletzter weiterspielen muss.

Genau das tut er dann auch. Und so verbringt Reiner den Rest des Tages mit einer ambulanten Knieuntersuchung im Krankenwagen und dem komplizierten Ausfüllen der Fragebögen, die Frau Schniederharn schon konspirativ direkt an der Kasse bereitgelegt hatte.

„Sie wissen schon, wegen der Versicherung und so."

An dieser Stelle soll unbedingt noch einmal betont werden, dass die Masche des Experten funktioniert hat. Letztendlich ist die Sache aus dem gleichen Grund gescheitert wie so oft im Leben: Eine andere Frau!

Der „magische Blick"

Wir alle kennen und verehren den Meister der Meister im Abschleppen von wahnsinnig tollen Frauen: Casanova! Er war es, der den *magischen Blick* erfunden und stetig verfeinert hat. Schaut Mann einer Frau mit diesem Blick tief in die Augen, schmilzt sie dahin wie Eis in der Sonne. Er beruht auf der Kunst der Hypnose. Um diesen Blick zu lernen, machen Sie einfach die angegebenen Übungen. Das Resultat wird Sie aus den Socken hauen!

Punkt 1: Stellen Sie sich vor den Spiegel und schauen Sie in Ihre Augen.
Punkt 2: Nun öffnen Sie die Augenbrauen und entspannen Ihre Stirn.
Punkt 3: Schließen Sie die Augen, bis Sie fast nichts mehr sehen.
Punkt 4: Reißen Sie ruckartig die Augen so weit auf, wie es geht, und versuchen Sie dabei, die Schärfe auf einen imaginären Punkt zehn Zentimeter vor dem Spiegel zu legen.

Dieser Gesichtsausdruck, den Sie dann sehen, ist Ihr persönlicher, individueller *magischer Blick*.

Die zweite Übung hilft Ihnen, diesen Blick zu trainieren und verfeinern, ganz wie es einst der Meister tat:

Punkt 5: Nehmen Sie einen Filzschreiber und schauen Sie wieder in den Spiegel.
Punkt 6: Zeichnen Sie nun mit dem Stift die äußere Form Ihrer Augen auf dem Spiegel nach.
Punkt 7: Nun machen Sie den *magischen Blick* und merken sich die Stellung Ihrer Pupillen.
Punkt 8: Zeichnen Sie jetzt die Pupillen auf dem Spiegel ein.

Ab jetzt werden Sie immer, wenn Sie in den Spiegel schauen, unbewusst versuchen, die aufgezeichnete Augenstellung einzunehmen. So trainieren Sie ganz automatisch beim Rasieren (Vorsicht bei der Nassrasur!).

Achtung! Diese Übungen machen Sie auf eigene Gefahr. Die medizinische Fachzeitschrift „Erst Wund – dann Gesund" berichtet in ihrer aktuellen Ausgabe von Fällen der Selbsthypnose. Bei einigen Männern kam es während der Übungen zu so genannten *Defekten*. Sie verfielen in einen Wachschlaf und mussten im Bad stehend auf Hilfe warten. Manfred D. aus M. wurde erst nach drei Tagen vom Pitbull des Nachbarn entdeckt.

MAGO/99

Die rote Liste

Wir alle wissen: Der erste Eindruck zählt! Trotzdem scheitern ungefähr 87 Prozent aller Versuche, eine Frau für sich zu gewinnen, an nur einem falschen Satz. Aus diesem Grunde wird an dieser Stelle die so genannte *rote Liste* veröffentlicht. Sie enthält eine Auswahl von Sprüchen und Bemerkungen, die Sie nicht oder nur in extremen Ausnahmefällen bei dem ersten Gespräch mit einer Frau benutzen sollten:

„Na, so alleine hier?"
„Heute schon gemännert?"
„Hey, warst du nicht Miss März?"
„Du bist mindestens genauso hübsch wie meine Ex."
„Kannst du mir mal eben helfen? Ich muss pinkeln, darf aber nicht so schwer heben."
„Sind die echt?"
„Hallo, kennen wir uns nicht von irgendwo her?"
„Voulez vous couchez avec moi?"
„Soll ich dir mal ein Bier ausgeben?"
„Willst du mal meine Briefmarkensammlung sehen?"
„Haste mal Feuer?"

NA, SCHATZ, ...
WIE WAR
ICH ...??
MARO/99

„Natürlich wohne ich noch bei Mutter."
„Du bist nicht dick. Du bist zu klein für dein Gewicht."
„Soll ich dir mal einen guten Friseur zeigen?"
„Ich stehe im Telefonbuch unter H wie Hengst."
„Meine Karre hat dreihundert PS und Liegesitze. Mehr brauche ich nicht."
„Ich finde, die Emanzipation lenkt die Frauen nur vom Kochen ab."

Auf der Piste

Freitagabend, 20.00 Uhr. Die Hymne der Tagesschau schmettert aus dem Lautsprecher des Fernsehers. Das ist das Zeichen. Nicht etwa der Startschuss für einen langweiligen Abend vor der Flimmerkiste, sondern das Zeichen für Reiner, die Glotze auszuschalten und mit den Vorbereitungen zu beginnen.

Der heutige Abend steht mal wieder ganz im Zeichen des Tanzpalastes. Reiner geht natürlich nicht einfach nur in die Disco. Er ist Profi im Aufreißen von so genannten *Disco-Tussis*. Die Wohnung hat er schon nachmittags lupenrein aufgeräumt. Das ist das erste der ungeschriebenen Gesetze für ein erfolgreiches Wochenende. Frauen finden leere Bierdosen auf dem Couchtisch und Unterhosen hinter den Sesselkissen nicht gerade anziehend. Wer also plant, nicht alleine nach Hause zu gehen, sollte diesen Punkt unbedingt beachten!

Nachdem Reiner nun ausgiebig geduscht hat, beginnt die Zeremonie der Salbung. Gepflegte Männer haben auch eine gepflegte Haut. Verbunden mit den Klängen von Sinatras *I did it my way* ist diese Zeremonie gleichzeitig auch die mentale Vorbereitung auf den großartigen Abend, der vor Reiner liegt. Er weiß, er wird heute eine echte Superfrau aufreißen. Denn egal, ob in der Großstadt oder im kleinen Kuhdorf, in der Disco geht immer was. Doch bis dahin ist noch etwas Zeit. Wer nämlich zu früh auf der Tanzfläche steht, ist megaout. Wer etwas auf sich hält, erscheint frühestens eine Stunde vor Mitternacht. Reiners Blick gleitet suchend über das Regal. Manch eine Frau wäre neidisch auf die vielen Fläschchen mit Duftwässerchen, die Cremedöschen und die Pflegemittelchen, die Reiners Bad bevölkern. Aber manch eine Frau ist auch schon mit den Worten: „Du hast eine wunderbare Haut. Sie ist so weich …", dahingeschmolzen. Mitten im Auftragen seiner Body-Lotion klingelt es an der Tür.

„Na toll! Ausgerechnet jetzt! Das ist bestimmt wieder Hausmeister Matuschak, der mich zuquatschen will", denkt Reiner. Er wirft sich seinen Morgenmantel über und geht zur Tür. Die glitschigen Hände in der Luft, wie ein Chirurg kurz vor der Entfernung eines Blinddarmes, drückt er mit dem Ellenbogen die Türklinke runter.

„Guten Abend. Ich bin gestern in der Wohnung gegenüber eingezogen und wollte mich vorstellen. Ich heiße Franziska Hermann. Äh, empfangen Sie Besuch immer so, oder störe ich gerade bei einer wichtigen Operation?"

Reiner ist erstarrt wie ein hypnotisiertes Kaninchen. Vor ihm steht die wahrscheinlich süßeste Nachbarin, die Mann sich vorstellen kann.

„Nein, ich, äh, ich dachte es wäre der Hausmeister", entfährt es dem verdutzten Reiner.

„Ach so! Na ja, jeder so, wie er mag. Ich komme vielleicht lieber ein anderes Mal vorbei. Okay?" Franziska dreht sich um und will wieder in ihre Wohnung gehen, doch in diesem Moment erwacht in Reiner endlich der Profi.

„Nein, so war das nicht gemeint. Ich stand gerade unter der Dusche, als Sie geklingelt haben.“ Er setzt sein unwiderstehliches Lächeln auf, als er fortfährt: „Normalerweise beschwert sich der Hausmeister, wenn jemand nach 20 Uhr duscht. Das sei angeblich gegen die geheiligte Hausordnung, die von Moses persönlich in 36 Marmorplatten gemeißelt wurde!“

Franziska bleibt vor ihrer Tür stehen, dreht sich um und muss laut lachen: „Na, da kommt ja einiges auf mich zu.“

Sie sieht bezaubernd aus in ihrer Jeans-Latzhose und dem viel zu großen Flanellhemd. Ihre dunkelbraunen Haare sind ganz kurz geschnitten und sie wirkt fast wie ein kleiner Junge. Dieser Anblick löst in Reiner sofort zwei Gedanken aus: „Sie ist so süß und kennt hier in der Gegend bestimmt noch niemanden. Ich kann ihr vielleicht bei dem Möbelaufbau helfen.“ Der zweite Gedanke ist mehr ein Alarmsignal: „Andererseits sieht sie aus wie eine Emanze aus dem Bilderbuch. Das könnte ein echtes Problem werden.“ Da es für echte Männer aber keine Probleme, sondern nur Herausforderungen gibt, geht Reiner zum Angriff über: „Aber kommen Sie doch kurz herein. Keine Angst, ich ziehe mir auch schnell etwas Anständiges an.“

„Ich habe keine Angst vor halbnackten Männern. Ich empfinde sie nur als das, was sie sind: Arme, hormongesteuerte Wesen, die versuchen mit ihren Geschlechtsteilen Eindruck bei den Frauen zu machen. Darum verschieben wir das Kennenlernen lieber auf Morgen oder nächsten Monat. Tschüss!“ Ihr Blick wandert an dem leicht Bekleideten hinab, dann schenkt Franziska dem überraschten Reiner noch ein weiteres süßes Lächeln und verschwindet hinter ihrer Wohnungstür.

Erst jetzt bemerkt Reiner den kühlen Luftzug zwischen seinen Beinen. Er schaut hinunter und sieht, was Franziska meinte: Sein Morgenmantel ist ein wenig verrutscht und gewährt eine freizügige Sicht auf das, was er eigentlich verhüllen sollte.

Nun gut, der Punkt geht eindeutig an dich. Doch aufgeschoben ist nicht aufgehoben. Auch wenn du eine dieser Emanzen bist. Wir werden uns bestimmt noch besser kennen lernen, denkt Reiner, dreht sich um und verschwindet schleunigst wieder in seinen vier Wänden. Die glitschige Lotion ist mittlerweile auch eingezogen, sodass er sich anziehen kann.

Sein Kleiderschrank hat natürlich einiges zu bieten. Um den Tussis zu gefallen, sollten die Klamotten frech, aber nicht zu flippig, schick aber nicht zu aufgedonnert sein. Der Profi entscheidet sich nach unzähligen Anproben schließlich für die teure Marken-Jeans in Kombination mit dem Siebziger-Jahre-Shirt und dem zeitlosen Sakko in schwarz. Jetzt noch einige Spritzer Rasierwasser. Natürlich kommt nur Moschus in Frage. So gerüstet, kann es endlich losgehen.

Für den einsamen Aufreißer gibt es heute nur noch eine Adresse: Das *not allone*. Dieser Laden ist so trendy, dass sogar Erwachsene über dreißig ihn betreten dürfen. Nachdem das Chaos auf dem Parkplatz ohne Verletzungen an Körper und poliertem Porsche überstanden ist, schiebt sich Reiner durch den viel zu kleinen Eingang mitten in die Menschenmenge. Die Bässe der dröhnenden Musik lassen sein Zwerchfell beben. Mit seinem routiniertem Orientierungssinn für Discos, findet er schnell einen günstigen Platz an einer der Theken. Von hier aus kann er fast alles überblicken und die Lage checken.

Nach einer ganzen Weile lässt sich endlich der Barkeeper sehen: „Was soll's denn sein, Meister? Horst hat alles am Lager."

„Einen Tomatensaft", antwortet Reiner. „Mit Zitrone und einem Schuss Wodka." Er lehnt sich cool an den Tresen und wartet auf seinen Drink. Seine Augen suchen die ganze Halle nach einer Frau ab, bei der es *Klick* macht. Dieses *Klick* ist für den professionellen Aufreißer sehr wichtig. Nur Versager baggern wahllos alles an, was einen Rock trägt. Doch dieser Check bleibt erfolglos. Also wendet sich Reiner wieder dem Barmann zu: „Sag mal, sind heute keine richtigen Frauen da?"

Horst ist nicht nur die Ruhe selbst, sondern auch noch die personifizierte Ironie: „Nee, nur falsche. Heute ist doch Transen-Abend."

Geschockt blickt Reiner sich um. Horst muss laut lachen: „Bleib mal locker, Kumpel. War ja nur 'n Gag. Aber was willst du denn? Hier rennen locker zweitausend Spitzenbräute rum."

„Ja, aber die Richtige ist irgendwie nicht dabei." Reiner schaut tief in sein Glas, als ob er die Ersehnte dort finden könnte.

„Wie muss die denn aussehen? Hast du da 'ne genaue Vorstellung oder was?" fragt Horst.

„Eigentlich nicht. Ob blond, ob braun, ich liebe alle Frauen. Aber irgendwas muss sie schon haben. Eine besondere Ausstrahlung halt."

„Reicht auch 'ne besonders dumme Ausstrahlung? Dann quatsch doch mal dahinten die Blonde an. Tanja heißt die." Horst deutet mit seinem Kopf zum linken Ende der Bar. Tanja ist wirklich sehr hübsch und Mann würde sie wohl eindeutig als echte Tussi bezeichnen. Sie steht am Ende der Theke und sucht scheinbar einen freien Sitzplatz.

Reiner schaut nicht einmal hoch als er sagt: „Nee. Zu einfach. Wenn sich das schöne Geschlecht von jedem abschleppen lässt, ist der Reiz weg."

Horst grinst: „Aha. Soll ich dir die Nummer von Cindy Crawford besorgen? Da wäre dann doch wohl genug Reiz dabei, oder?"

Reiner übergeht diese Bemerkung geflissentlich: „Ich habe vorhin meine neue Wohnungsnachbarin kennengelernt. Die hat was. Franziska heißt sie. Die ist echt eine Süße."

„Und was machst du dann hier? Hat sie 'n Freund oder was?"

„Keine Ahnung, aber ich glaube, sie ist eine Emanze."

„Emanzen sind bekloppt. Die machen nur Stress", stellt Horst sachlich fest.

Bevor Reiner etwas erwidern kann, stößt jemand gegen ihn: „Oh, sorry. Bin wohl etwas gestolpert." Tanja hat den leeren Hocker neben Reiner entdeckt und versucht trotz ihres kurzen Rockes elegant darauf Platz zu nehmen.

„Tja, manche Entscheidungen fällt Mann nicht selbst, sondern das Schicksal", kommt es weise von Horst.

„Wie meinst du das?“, fragt Tanja.

„Dahinten haben welche Durst. Lass dir das von dem Typen erklären. Bis nachher.“ Er deutet auf Reiner, dreht sich um und geht.

Tanja schaut Reiner an: „Wie meint der das?“

„Er meint damit, dass er die Leute dahinten mit Getränken versorgen muss.“

„Ach, nicht das. Das mit dem Schicksal und so.“ Lachend gibt sie Reiner einen Klaps auf den Arm.

Mit einem routinierten Lächeln fragt Reiner: „Glaubst du an das Schicksal?“

„Ich weiß nicht. Vielleicht ist es Schicksal, dass wir uns jetzt unterhalten. Wer weiß, wie der Abend noch endet? Ich bin übrigens die Tanja.“

„Ich weiß. Ich bin der Reiner.“

„Du kennst mich? Woher denn? Haben wir uns schon mal getroffen, oder bist du öfter hier?“

„Nein. Von Horst. Nein. Ja, manchmal.“

„Hä? Besonders gesprächig bist du ja nicht gerade.“ Tanja fühlt sich leicht verschaukelt. „Ich gehe mal tanzen. Bis später, vielleicht.“ Sie rutscht von dem Hocker und tanzt davon.

„Das war ja wohl nix. Soll ich dir noch ’n Saft bringen? Am besten in einer Dose. Dann kannste wenigstens die aufreißen!“ Horst ist zurück und kann sich den Spruch nicht verkneifen.

„Ich weiß! Aber plötzlich habe ich keine Lust mehr auf Tussis.“ Reiner starrt wieder nachdenklich in seinen Tomaten-Drink.

„Dann ist die Sache wohl klar! Als Barkeeper habe ich da einen Blick für!"

„Wofür? Was ist klar?"

„An wen denkst du jetzt gerade und bei wem wärst du jetzt am liebsten?" Horst wirkt ein wenig wie Freud hinter dem Tresen.

Reiner schaut auf: „Was will denn der Herr Psychologe damit andeuten?"

„Der Blitz hat dich getroffen. Du bist im Hormon-Frühling. Amors Pfeil hat dich durchbohrt. Oder für Doofe: Du bist verknallt!"

Jetzt ist Reiner völlig verwirrt. Hundert Fragen rasen durch seinen Kopf: „Könnte Horst etwa Recht haben? Wie konnte das passieren? Wer hat da nicht aufgepasst? Ich und verknallt?"

Er schaut Horst eine Weile stumm an. Doch bevor er noch etwas sagen kann, steht Tanja wieder neben ihm: „ Na, immer noch so alleine hier? Ich soll dir Grüße bestellen, von Franziska." Sie grinst ihn breit an.

„Bitte? Wie, was, äh, kennt ihr euch?"

„Klar! Sie steht übrigens da drüben. Komm doch mal mit." Tanja greift nach Reiners Arm und zieht ihn mit. Sie lenkt den willenlosen Aufreißer die Treppe zur Balustrade hoch. Dort steht Franziska und auch ihr Grinsen könnte nicht breiter sein. „Hallo! Du bist auch hier?"

„Ja. Ich glaube schon. Könnt ihr mir mal sagen, was hier abgeht?" Reiner hat die Kontrolle über die Situation völlig verloren.

Tanja klärt ihn auf: „Mann, ey, das war ein Test vorhin. Wir wollten wissen, ob du versuchst, mich abzuschleppen."

„Aha. Und, habe ich den Test bestanden?“ Reiner fällt das Denken im Moment sehr schwer. Er schaut Franziska fragend an.

„Na ja, ich fand dich vorhin irgendwie niedlich, in deinem knappen Chirurgen-Dress. Als ich dann sah, dass du auch hier bist, hatten wir diesen Plan.“ Sie hat ihre Hände tief in den Hosentaschen ihrer Latzhose vergraben und wirkt ein bisschen verlegen.

Reiner fühlt sich, als hätte er tausend Ameisen im Bauch: „Wie sah dieser Plan genau aus?“

„Ich dachte, du wärst ein richtiger Aufreißer. Ich wollte wissen, wie du dich verhältst, wenn ein hübsches Mädel dich in der Disco anspricht. Ich habe mit Tanja und Horst gewettet, dass du sofort anfängst zu baggern.“

„Also habe ich den Test nicht bestanden?“ Reiner kennt die Antwort und befürchtet sie zugleich. Die Ameisen in seinem Bauch werden zu echten Schmetterlingen.

„Doch! Hast du. Du bist wirklich kein Baggerheini. Vielleicht bist du sogar ganz nett. Hast du Lust zu tanzen?“

Soweit ist es also mit dem Experten gekommen. Von einer Emanze aufgerissen zu werden, ist wohl auf den ersten Blick die Degradierung schlechthin. Oder ist es vielleicht die Krönung der Baggerkunst, nicht die Frauen aufzureißen, sondern sich selbst von der Begehrten aufreißen zu lassen? Wie Mann die Sache auch betrachtet, Reiner hat sein Ziel erreicht. Und nur das zählt!

Der Selbsttest

Sind Sie ein echter Aufreißer? Oder haben Sie keine Chancen bei den Frauen? Wenn Sie es bis jetzt noch nicht wissen, erfahren Sie es in diesem Test. Beantworten Sie die Fragen bitte absolut korrekt!

An der Tankstelle sehen Sie eine Frau. Sie hat Probleme mit dem Öffnen der Tankklappe an ihrem Auto. Wie reagieren Sie?

A Sie wetten mit dem Tankwart, dass die Dame das Auto wohl schieben muss. **100 Punkte**

B Sie helfen der Frau und versuchen beim Erklären keine schwierigen Wörter zu benutzen. **E**

C Sie unterstützen ihre Bemühungen durch lautes Hupen und anfeuern: „Andere wollen auch noch tanken!“ **2 Punkte**

Im Kino neben Ihnen weint eine Frau, weil der Film so traurig ist. Was sagen Sie?

A „Können Sie nicht mal eben das Wasser abdrehen?“ **1,34 Punkte**

B „Ganz schön traurig, was? Aber draußen am Imbiss gibt’s auch Taschentücher.“ **R**

C „Haben Sie mal ein Taschentuch für mich? Das könnte ich mir in die Ohren stecken. Wenn es Sie nicht stört.“ **150 Punkte**

DER "BAGGER- TYP"

In der Volkshochschule platzen Sie aus Versehen in den Umkleideraum der Bauchtanz-Damen. Was sagen Sie¿

A „Feueralarm!" **700 Punkte**

B „Guten Tag. Ich bin Ihr neuer Trainer." **A**

C „Bitte bedenken Sie, meine Damen, die Betonung liegt auf Tanz, nicht auf Bauch." **0,36 Punkte**

Vor dem Supermarkt fragt Sie eine Frau: „Würden Sie mir eine Mark für den Einkaufswagen leihen¿" Was antworten Sie¿

A „Nehmen Sie auch Kreditkarten¿" **100 Punkte**

B „Such dir einen Job!" **3 Punkte**

C „Na gut. Aber ich bekomme den Wagen!" **G**

Sie kaufen beim Metzger ein. Die Frau vor Ihnen sagt zu der Verkäuferin: „Ich möchte gerne zwei Schweinshaxen." Wie reagieren Sie¿

A Sie sagen: „Kaufen oder verkaufen¿" **B**

B Sie wickeln Frischhaltefolie um ihre Beine und sagen: „Bitte schön!" **1,7 Punkte**

C Sie sagen: „Zu einer Dame wie Ihnen würden ein paar Froschschenkel doch viel besser passen, oder¿" **400 Punkte**

WAS HABEN SIE DENN, ... HI, HI, HI, HI .....
SIE WOLLTEN DOCH FEUER, ; HA, HA, HA....
SWITCH
MAGO

Hinter Ihnen an der Kasse steht eine Frau mit einem Kind. Das Kind stößt den Einkaufswagen der Mutter immer wieder in Ihre Hacken. Was tun Sie?
A Als die Mutter gerade mal nicht hinsieht, nehmen Sie das Kind und setzen es in den Wagen auf die Eier. **0,3 Punkte**
B Sie machen das Kind auf die bunten Dinge im *Quengelregal* aufmerksam. **600 Punkte**
C Sie drehen sich zu der Mutter um und sagen: „Kinder machen einem so viel Freude. Gehen Sie doch vor, dann sind Sie schneller fertig." **G**

Auswertung
Bis 10 Punkte:
Sie sind ein echter Spaßvogel. Ihr Motto könnte heißen: Lachen statt Leidenschaft. Für einen Gag gehen Sie über Leichen. Wenn Sie gerade solo sind, keine Angst! Das werden Sie wahrscheinlich auch bleiben. Was anbaggern ist, wissen Sie nämlich nicht. Aber das macht nichts. Sie haben auch so jede Menge Spaß mit der Damenwelt. Sie wissen einfach, eine Beziehung zu einer Frau wird nie so gut sein wie eine echte Männerfreundschaft. Bis auf den Sex natürlich! Aber den kann Mann ja kaufen.

Ab 1650 Punkte:
Ihr Foto könnte im Lexikon unter *Memme* stehen. Manchmal haben Sie gute Sprüche auf Lager, trauen sich aber nicht, diese auch zu benutzen. In einer

VERZEIHUNG, JUNGER MANN....
HÄTTEN SIE MAL BITTE FEUER..?
MAHO 99

günstigen Situation mit einer tollen Frau werden Sie unsicher. Sie wissen nicht, was zu tun ist und schwanken solange hin und her, bis Ihnen selbst ganz übel ist. Dann verwechseln Sie das mit Liebe und leiden noch mehr. Darum sind Sie oft so deprimiert, dass Sie nicht einmal der Junggesellenverein aufnehmen will. Wenn der Sex nicht wäre, würden Sie einfach bei Ihrer Mutter wohnen bleiben. Zur Lockerung sollten Sie einmal eine ausgefallene Sportart probieren. Zum Beispiel Bungee-Piercing. Ansonsten könnte nur noch der Psychiater helfen. Oder eine Geschlechtsumwandlung.

Lösungswort: BAGGER
Gratulation! Sie sind genau die richtige Mischung aus Gentleman und Draufgänger. Sie verstehen die Frauen zwar nicht, tolerieren sie aber. Durch die Gewissheit, dass Frauen unberechenbar sind, ersparen Sie sich eine Menge Ärger. Sie versuchen es erst gar nicht mit irgendwelchen Maschen, sondern nehmen das Leben so, wie es kommt. Diese Einstellung zum anderen Geschlecht wird in der Fachsprache auch *Coolness* genannt. Dadurch strahlen Sie Souveränität und Unnahbarkeit aus. Das wiederum wirkt auf Frauen sehr anziehend. So kommt es, dass die Damenwelt Ihnen regelrecht nachläuft. Sie merken es nur nicht. Schade eigentlich.

Die Optik

Nehmen Sie sich einmal kritisch unter die Lupe. Sind Sie wirklich der athletische, sportliche Mann? Oder sitzen Sie den ganzen Tag am Schreibtisch und haben alle Muskeln in den Bauch getrunken? Es soll ja immer noch Männer geben, die glauben, dass Frauen eher auf Intelligenz als auf einen guten Body abfahren. Sollten Sie auch zu dieser Gruppe Unwissender gehören, lesen Sie unbedingt weiter!

Schauen wir einmal auf die Werbung. Die Helden in den kurzen Spots sind der Duschgel-Mann, der wie ein Phönix aus den Wellen einer tobenden Brandung emporsteigt und der verschwitzte Bauarbeiter, der um halb eins seine Cola trinkt. Warum wohl? Weil beide so klug sind wie Einstein? Nein! Sie sehen einfach toll aus. Das reicht.

Also tun Sie was. Das regelmäßige Schauen der Sportschau reicht einfach nicht. Um einen echten Effekt zu erreichen, muss Mann Sport machen. Im Klartext heißt das: Lange schnell laufen und viele schwere Eisenstücke, der Fachmann nennt sie Hanteln, immer wieder hochheben. Sie könnten in ein Fitness-Center gehen, wo alle Muskelgruppen unter fachmännischer Leitung perfekt „ausdefiniert“ werden. Das dauert etwa zwanzig Jahre, kostet gewaltig viel Geld und noch mehr Zeit. Oder Sie stellen Ihre Arbeitsweise im Büro um. Wenn Sie den folgenden Trainingsplan beherzigen, werden Sie automatisch während der Arbeit trainieren. Dafür müssen Sie keine Freizeit opfern und das Beste daran ist: Es ist völlig umsonst!

Erste Übung:
Um Verletzungen zu vermeiden, müssen Sie sich erst einmal Aufwärmen. Das geschieht am besten an der Kaffeemaschine. Nehmen Sie die Kanne in die linke Hand und bieten Sie allen Kollegen einen Kaffee an. Beim Eingießen halten Sie den Unterarm waagerecht und bewegen nur das Handgelenk. Wiederholen Sie die Übung mit dem rechten Arm. So werden die Arm-Trizepse auf grandiose Art gestärkt.

Zweite Übung:
Wenn das Telefon klingelt oder Sie jemanden anrufen müssen, greifen Sie immer folgendermaßen zum Hörer: Stützen Sie den Ellenbogen auf der Tischplatte auf und heben Sie den Hörer mit gestrecktem Unterarm an Ihr Ohr. Wiederholen Sie auch diese Übung mehrmals mit beiden Armen. Dadurch werden die Bizepse trainiert. Sie können natürlich auch Kaffeekanne und Telefonhörer kombinieren. So erreichen Sie eine volle Auslastung der Armmuskeln.

Dritte Übung:
Lochen Sie, was das Zeug hält. Ein richtig angewandter Papierlocher macht aus einem Händedruck eine eiserne Schraubzwinge. Lochen Sie jedes Papier

EIN SEXY BODY IST'S, DER BEIDE BINDET.....

... WELCHER OHNE KRAFT DES WASSERS SCHWINDET...

mindestens sechsmal. Sollten keine Unterlagen zu lochen sein, kümmern Sie sich um das Fotokopierpapier. Beginnen Sie mit wenigen Blättern gleichzeitig und steigern Sie die Anzahl dann stetig. So passen Sie das Training individuell an Ihre Bedürfnisse an.

Vierte Übung:
Um den Brustkorb zu stärken, eignet sich besonders der Aktentransport. Tragen Sie immer mindestens sechs volle Aktenordner gleichzeitig. Auch wenn Sie nur einen benötigen, sollten Sie mit beiden Armen zugreifen. Diese Übung lässt sich leicht weiter ausbauen. Bringen Sie zum Beispiel der hübschen Kollegin im achten Stock die benötigten Akten persönlich. Es ist selbstverständlich, dass Sie dafür die Treppe benutzen, weil Ihnen der Fahrstuhl zu langsam ist. Zumindest sollten Sie das der Kollegin gegenüber so darstellen.

Undercover

Sie sehen eine fantastische Frau in einer Eisdiele sitzen. Sie wollen diese Frau unbedingt kennen lernen. Aber Sie wissen nicht, wie. Dann versuchen Sie es doch einmal mit der Agenten-Masche. Überraschung und Verwirrung sind die Instrumente dieser Methode.

Reiner Anmach, der bekannte Experte, beherrscht auch diese Art des Aufreißens nahezu perfekt. Sie funktioniert am besten in der Öffentlichkeit. Zum Beispiel in einem Café oder einer Eisdiele.

In genau solch einem Lokal sitzt Anne. Anne ist Studentin und versucht mit Hilfe eines gigantischen Eisbechers lateinische Vokabeln in ihren hübschen Kopf zu kriegen. Mit einem großen Seufzer schiebt sie sich einen weiteren Löffel der kühlen Creme in den Mund und schaut sich gelangweilt um. Das ist der richtige Moment für Reiner, um auf der Bildfläche zu erscheinen. Er kommt in das Lokal gestürmt und nimmt direkt neben Anne Platz: „Sie müssen mir helfen“, quetscht er zwischen seinen Lippen hervor und schaut sich unauffällig um.

„Helfen? Wobei und warum?“ Anne ist völlig überrascht und sieht sich vorsichtig um. „Was ist denn los?“

Reiner beruhigt sich etwas, bleibt aber auffällig unauffällig: „Ich werde überwacht. Sie sind meine letzte Rettung.“ Er kramt einen Geldschein aus seiner Tasche und schreibt mit Bleistift eine unleserliche Buchstabenfolge auf das Papier. „Sie müssen das für mich aufbewahren. Ich bitte Sie. Es ist enorm wichtig!"

Anne hat sich von dem ersten Schreck etwas erholt und fragt skeptisch: „Was soll das? Wer sind Sie überhaupt? Und was wollen Sie von mir?"

Reiner schaut geheimnisvoll. „Es ist sicherer für Sie, wenn Sie nicht zu viel wissen!"

„Meinen Sie damit meine Lateinvokabeln oder Ihren seltsamen Auftritt hier?" So langsam wird Anne neugierig.

„Hören Sie", beschwört Reiner sie eindringlich, „ich darf es Ihnen nicht sagen, aber ich habe wohl keine andere Wahl. Ich bin Agent des BND. Das auf dem Geldschein ist ein Code. Ich muss diesen Code an einen Kontaktmann weitergeben. Allerdings hat die Gegenseite mich entdeckt und überwacht mich jetzt. Darum bitte ich Sie um Hilfe."

„Agent des BND? Ist das nicht der Bau und Naturschutz-Dachverband?"

Reiner lächelt siegessicher: „Nein. Das ist der Bundesnachrichtendienst. Der deutsche Geheimdienst, sozusagen."

Anne fällt aus allen Wolken. „Der Geheimdienst? Dann sind Sie so etwas wie der deutsche James Bond? Das ist ja abgefahren. Aber wissen Sie was?" Anne beugt sich verschwörerisch zu Reiner hinüber: „Ich glaube Ihnen kein Wort!"

Nun muss Reiner pokern. Aber auch das kann er ja ganz gut. „Es ist auch besser, wenn Sie mir nicht glauben. Zu viel Wissen bringt Sie nur in unnötige

Gefahr. Glauben Sie einfach, dass ich Sie nur anbaggern will. Dann wirken Sie auch am natürlichsten."

Das verwirrt die gute Anne jetzt aber ziemlich. Welcher Mann würde schon offen zugeben, dass er nur ans Aufreißen denkt? Vielleicht ist an seiner Geschichte doch etwas dran. Sie legt die Stirn in Falten und fragt zögerlich: „Haben Sie nicht so etwas wie einen Ausweis?"

„Nicht, wenn ich undercover arbeite. Das werden Sie verstehen. Ich kann Sie nur fragen, ob Sie mir helfen wollen oder nicht. Und ich brauche die Antwort sofort. Jetzt!" Wieder schaut Reiner sich um.

„Na gut. Was soll ich denn genau tun?" Die Situation hat einen gewissen Reiz, dem sich Anne nicht entziehen kann. Außerdem ist fast alles besser als Latein zu pauken.

„Sie brauchen nur diesen Zehn-Mark-Schein mit dem Code zu verstecken und ihn mir heute Abend im irischen Pub zurückzugeben. Das ist alles. Ich muss jetzt wieder los und meine Verfolger abschütteln. Sollte ich um acht Uhr noch nicht im Pub sein, nehmen Sie ein Taxi und fahren Sie über Umwege nach Hause. Ich hoffe, wir sehen uns wieder. Bis dann."

Mit diesen Worten erhebt sich Reiner vom Stuhl und verschwindet durch den Hinterausgang der Eisdiele. Anne bleibt verdutzt allein am Tisch zurück.

Für Reiner heißt es nun abwarten. Doch aus Erfahrung weiß er, dass ihre angeborene Neugierde den Frauen keine andere Wahl lässt, als im Pub aufzutauchen.

So auch in diesem Falle. Sicherheitshalber schon um neunzehn Uhr sitzt Anne an der Theke der Kneipe. Um die Spannung zu erhalten, erscheint Reiner erst eine Minute vor acht. Er wirkt abgehetzt und humpelt ein klein wenig.

„Sind Sie verletzt? Ich wollte schon gehen. Wo waren Sie denn so lange?" Anne klingt ein wenig besorgt.

Reiner setzt sich neben sie an die Bar. „Es gab ein paar Probleme, aber das habe ich erledigt. Es waren nur fünf Kerle. Haben Sie den Schein noch?"

Hektisch sucht Anne in ihrer Tasche nach dem Geldschein. „Ja, natürlich habe ich ihn noch. Ich glaube, er ist …"

„Behalten Sie ihn noch", unterbricht Reiner sie. „Sie müssen die Übergabe machen."

Seine verschwörerische Stimme erzeugt in Anne wieder dieses angenehme Gefühl der Spannung. Sie schaut sich zum hundertsten Male um und fragt leise: „Glauben Sie denn, ich kann das? Ich habe doch keine Ausbildung oder so etwas."

„Sie machen das fantastisch. Sie haben mir schon das Leben gerettet und wissen es noch nicht einmal. Da werden Sie die Übergabe bestimmt perfekt über die Bühne kriegen."

„Ich habe Ihr Leben gerettet? Wie das denn?"

Reiner wirkt plötzlich wieder sehr nervös. „Jetzt nicht", zischt er sie an. „Bestellen Sie uns zwei Whisky und bezahlen Sie dann mit dem Geldschein. Aber achten Sie auf das, was der dunkelhaarige Typ da hinten am Eingang macht."

„Okay, und was machen Sie? Geben Sie mir Deckung?" Anne hat das Spionage-Fieber jetzt voll erwischt.

„Ja. Ich bleibe aber im Hintergrund. Also, los." Reiner geht zu einem der kleinen Tische im hinteren Bereich der Bar und setzt sich. Amüsiert beobachtet er Anne, die gerade ganz unauffällig die Getränke bestellt. Währenddessen macht sich ein junger Mann auf den Weg von seinem Tisch zu Anne. Es ist Jens, der seinen ganzen Mut zusammen genommen hat, um heute endlich mal eine nette, junge Frau anzusprechen. Verschüchtert steht er neben ihr. Dann endlich traut er sich zu fragen: „Hallo, darf ich Sie zu einem Drink einladen?"

Anne hat Panik in den Augen, als sie antwortet: „Nein, Nein. Ich muss selber zahlen. Äh, ich meine ich will lieber nichts trinken. Danke."

„Sie wollen nichts? Aber Sie haben doch gerade zwei Whisky bestellt." Der Barkeeper macht nun die ganze Situation noch komplizierter: „Wollen Sie jetzt die Drinks oder nicht?"

Annes Blicke suchen verzweifelt nach Reiner. Doch der hält sich versteckt. Ein bisschen Panik kann bei dieser Masche nicht schaden. Also lässt er Anne noch ein wenig zappeln.

„Ja, ich will die Drinks. Äh, natürlich. Kann ich sofort zahlen?"

„Lassen Sie mich doch zahlen", kommt da wieder von Jens. „Ich lade Sie ein."

„Nein!" Anne schreit schon beinahe. „Ich zahle selbst."

„Also wer hier zahlt ist mir echt egal, aber ich kriege neun Mark von einem."

Der Barkeeper stellt zwei Gläser vor Anne auf den Tresen und ist nicht unbedingt zum Spaßen aufgelegt.

„Ich zahle das schon." Jens lässt nicht locker.

Annes Angst verwandelt sich allmählich in hysterischen Mut: „Nein! Verdammt noch mal. Ich bezahle selbst! Schnallst du das nicht¿" Sie nimmt den Schein mit dem Geheimcode und legt ihn auf die Theke.

„Was steht denn da¿" Blitzschnell hat Jens nach dem Geld gegriffen und versucht den Buchstabensalat zu entziffern. „EKUIDROPH. Was die Leute so alles auf die Scheine malen. Waren Sie das¿" Mit einem fragenden Ausdruck im Gesicht wedelt er mit dem Schein vor Annes Augen herum.

„Wenn nicht sofort bezahlt wird, schmeiße ich euch beide raus", tönt da der Barmann wieder los.

Anne kann nicht mehr. Sie hat beinahe Tränen in den Augen, als auch noch Peter dazu kommt. Peter ist Feldwebel und wirkt in seiner schmucken Uniform schon eher wie ein General: „Was ist denn hier los¿ Werden Sie etwa belästigt, junge Frau¿"

„Die junge Frau will nicht zahlen. Ich bin es, der hier belästigt wird", poltert der Barkeeper wieder los.

„Das stimmt doch gar nicht! Ich will ja, aber der Typ hier lässt mich nicht!" Anne deutet auf Jens. Der ist durch Peters Uniform schwer verunsichert: „Ich habe der Dame nur angeboten zu zahlen. Ich konnte ja nicht wissen, dass sie dann hysterisch wird."

„Ich bin nicht hystersich!“ schreit Anne. Sie überlegt, ob sie nicht einfach alle erschießen soll, lässt den Gedanken aber wieder fallen, sie hat ja leider sowieso keine Waffe. Da kommt ihr ein Gedanke. Sie wendet sich wieder Peter zu: „Sind Sie der Kontaktmann?“

„Kontaktmann? Wie? Wollen Sie etwa zum Bund? Da könnte ich Ihnen schon einige Kontakte herstellen, aber …“

Anne rollt mit den Augen. „Nein, nicht zum Bund. Der Kontaktmann vom BND!“

Peter stutzt: „Vom Bau und Naturschutz-Dachverband?“

„Soll ich jetzt für Sie zahlen oder nicht?“ Jens wedelt wieder mit einem Zehn-Mark-Schein herum.

„Nehmen Sie endlich diese Zechpreller fest!“ schreit der Barkeeper Peter an.

Peter ist ganz Gentleman: „Wieviel macht's denn? Ich zahle für die Dame.“ Er sucht in seinen zahlreichen Taschen nach seiner Geldbörse. Anne ist mit den Nerven am Ende. Sie überlegt, ob eine vorgetäuschte Ohnmacht die Rettung wäre.

Auch der Barkeeper hat sich zu einer Lösung entschlossen: „Ich rufe jetzt die Polizei!“

Reiner hingegen kann sich vor Lachen kaum noch halten. Doch dann entschließt er sich, der armen Anne zu helfen. Er steht auf und geht zur Theke hinüber: „Die Dame zahlt doch schon. Hier bitte.“ Er nimmt dem verblüfften Jens den Schein aus den Fingern und legt ihn wieder auf die Theke. Dann schaut er Jens an und sagt: „Willst du wieder so ein Blutvergießen wie letztes Jahr in Moskau? Wenn nicht, dann verschwinde. Wir sehen uns noch früh genug wieder." Reiners Augen gleichen denen eines kaltblütigen Killers.

Jens, der ein Blutvergießen beim Anbaggern einer Frau natürlich auf jeden Fall vermeiden will, steht wie eingefroren da: „Ich, äh, ich wollte nur, äh, höflich sein. Aber ich gehe dann wohl besser."

„Weise Entscheidung, Towaritsch." Reiner lächelt kalt. Dann wendet er sich Peter zu: „Vielen Dank, dass Sie meiner Freundin helfen wollten. Aber wir müssen jetzt gehen." Er greift nach Annes Arm und führt sie zur Tür. Im Gehen flüstert er ihr leise zu: „Das haben Sie toll gemacht. Die beiden Agenten hätten fast die Situation eskalieren lassen. Aber Sie hatten alles im Griff. Toll!"

„Äh, hatte ich? Ich dachte eigentlich die ganze Zeit, ich wäre verloren."

„Nein, Sie waren richtig professionell. Am besten gehen wir jetzt erst einmal zu Ihnen. Dort sind wir sicher und können uns etwas entspannen. Hier wird es gleich von Agenten nur so wimmeln. Okay?"

„Ja. Wenn Sie meinen. Und ich war echt gut? Also, ich habe mich auch echt bemüht. Das ist ganz schön spannend, als Agent zu arbeiten. Erzählen Sie mir doch mehr darüber. Vielleicht kann ich Ihnen wieder mal helfen."

Es braucht an dieser Stelle wohl nicht extra betont zu werden, dass Reiner sein Ziel wieder mal erreicht hat. Er ist mit der hübschen Anne unterwegs zu ihrer Wohnung, um sich nach diesem schwierigen Einsatz zu entspannen. Was will ein Geheimagent mehr?